L n 27/12964

ÉLOGE
DE MONSEIGNEUR LE DAUPHIN, PERE DE LOUIS XVI.

.... Nimium vobis Romana propago
Visa potens, superi, propria hæc si dona fuissent!
Quantos ille virum, magnam mavortis ad urbem
Campus aget gemitus! . . . .
        VIRG.

A LYON;
Et se trouve A PARIS,

Chez MOUTARD, Imprimeur-Libraire de la REINE, rue des Mathurins, Hôtel de Cluny;
Et chez tous les Libraires qui vendent les Nouveautés.

M. DCC. LXXIX.

AVERTISSEMENT.

UNE Société respectable ayant proposé, cette année, un Prix d'Eloquence, dont le sujet seroit l'Eloge de feu MONSEIGNEUR LE DAUPHIN, Pere du ROI, l'Auteur de ce Discours, animé du zele le plus pur, a pensé que l'emploi de l'éloquence dans un tel sujet, devoit être de rapprocher des faits constans & publics, pour tracer un tableau également utile & intéressant, & de tirer des Ecrits de Mgr. le Dauphin, les monumens qui caractérisent l'ami de l'humanité, le défenseur de la Religion, & des saines maximes du Gouvernement François. C'est le but que l'Auteur s'est proposé dans cet Eloge.

Ce qu'il a ajouté a eu pour objet de consacrer à la mémoire de Mgr. le Dauphin, les vers de Virgile qu'il a choisis iv *AVERTISSEMENT.*

pour Epigraphe, afin d'oppofer les vertus que Rome admira dans les Souverains dont elle fut idolâtre, à ces éminentes qualités qui feroient le fujet éternel de nos regrets, fi ce Prince n'eut tranfmis à fon augufte Poftérité, le riche héritage de fes vertus.

L'Auteur de ce Difcours ne fe flatte pas d'avoir répondu, par fes efforts, à la fublimité de fon fujet; & cependant le même zele qui lui fait defirer très-fincérement que d'autres le furpaffent dans la carriere où il eft entré, lui fait efpérer qu'on excufera fa témérité d'ofer planter fon lierre, près des lauriers immortels qui couvrent la tombe de Mgr. le Dauphin.

ÉLOGE
DE MONSEIGNEUR
LE DAUPHIN,
PERE DE LOUIS XVI.

QUAND Rome perdit *Marcellus*, l'objet de ses espérances, un deuil universel s'étendit sur la Capitale du monde. « O Dieux! s'écrioient-
» ils, la puissance & la félicité des Romains
» eussent excedé les bornes prescrites à l'hu-
» manité, si vous nous eussiez conservé ces
» dons que vous nous aviez faits »!

Cependant cette Idole du Peuple Romain, ce *Marcellus*, moissonné dans l'âge des passions, n'étoit qu'une fleur que l'orgueil du trône, que la séduction qui l'environne pouvoient flétrir & corrompre.

Une Religion auſſi ſupérieure à la vaine ſageſſe de la philoſophie, que les lumieres de l'Etre infini l'emportent ſur les foibles lueurs de la raiſon humaine, une longue & habituelle pratique de toutes les vertus, avoient ennobli & conſolidé dans Mgr. le Dauphin, les dons les plus précieux de la nature.

Aſſis ſur le Trône de l'ancienne Rome, il eût ſurpaſſé les *Titus & les Marc-Aurele*.

Aſſis ſur le Trône de la France, il eût été l'imitateur de Saint Louis, qu'il avoit pris pour modele dès ſon enfance (1).

La piété la plus éclairée fut le centre auquel ſe rapporterent toutes ſes actions & toutes ſes études. Elle formoit ſon caractere; mais pour découvrir l'énergie que la Religion donna à cette grande ame, & m'élever autant que mes forces pourront le permettre, à toute la ſublimité de mon ſujet, je me trouve forcé de le décompoſer, pour ainſi dire, de conſidérer ſéparément l'étendue du génie & des connoiſſances de Mgr. le Dauphin, la bonté de ſon cœur, enfin cette piété qui conſacra toutes ſes autres qualités. Ainſi l'œil ne découvre l'immenſité de ces édifices majeſtueux qui ſont l'admiration de tous les ſiecles, qu'en ſe fixant ſur les diverſes parties qui les composent, tant l'ensemble est parfait ! tant les proportions sont exactes !

Je ne trace pas un de ces portraits d'imagination que l'art du Peintre embellit à son gré.

C'est dans le petit nombre d'Écrits qui nous restent des travaux immenses de ce Prince, dans ces Écrits recueillis par des mains fidelles, destinés à être transmis à la postérité, que je découvre les vues qui animerent Mgr. le Dauphin pour la gloire & la félicité de ce Royaume.

Ce sont des faits constans & publics qui nous offrent la vive expression des mouvemens de son cœur, sa tendre compassion pour les malheureux, son amour pour les peuples, son attachement pour sa famille & pour ses amis.

Enfin sa résignation aux décrets de la Providence, son courage invincible à la douleur même, toutes les vertus que sa modestie avoit cachées jusqu'alors, se montrerent dans toute leur splendeur, pendant cette longue maladie qui le conduisit à pas lents au tombeau ; Dieu voulant sans doute nous faire connoître, par les cruelles épreuves auxquelles il mit la constance de ce Prince, ce que peut la Religion pour élever un mortel au-dessus des forces de l'humanité.

PREMIERE PARTIE.

LA France, qui avoit vu, après le regne de Louis XIV, ses espérances réunies sur la tête d'un Roi de cinq ans, attendoit avec impatience un héritier du Trône, Mgr. le Dauphin fut regardé comme un présent du Ciel (2).

Il étoit à peine sorti de l'enfance, que l'amour du vrai, cet attrait naturel pour le beau, cette curiosité impatiente de connoître, qui décele le génie, annoncerent quel il devoit être un jour; & cependant ne portons de la premiere éducation de ce Prince, d'autre jugement que celui qu'il porta lui-même : « je sentis, disoit-il, le » tort que j'avois eu dans mon enfance ; je for- » mai le projet de le réparer (3) ».

C'est dans l'âge des passions, dans cet âge impatient de jouir, où l'on perd souvent en peu d'années, le fruit des études passées, que Mgr. le Dauphin entreprend, au sein des plaisirs de la Cour, de se donner à lui-même une seconde éducation plus vaste & plus laborieuse que la premiere (4).

Déjà il connoît & ses devoirs, & ceux qu'il aura un jour à remplir, (5) *il faut* (disoit-il) qu'un Dauphin paroisse un homme inutile, & qu'un Roi s'efforce d'être un homme universel.

Mais quelle vive lumiere se prépare au sein de cette obscurité mystérieuse !

(6) Un génie aussi juste qu'éclairé & profond, cultivé par la lecture des Poëtes, des Orateurs, des Historiens de tous les siecles; une grande connoissance des Langues, de l'art Militaire, des Mathématiques, de la Physique, de l'Histoire, du Droit public & privé, de toutes les parties de l'administration....... Celui que je désigne par cette esquisse, est-il un de ces hommes dont la plus active des passions, l'ambition, la soif de cette célébrité qui conduit aux honneurs & à la fortune, soutient & anime les travaux, un de ces hommes que l'essor de leur génie porte quelquefois, d'une condition obscure, jusqu'à devenir les conseils des Maîtres du monde..... C'est le Dauphin de France, l'héritier du premier Trône de l'Europe.

(7) Une étude sérieuse l'a instruit de toutes les parties de cet art, le plus terrible fléau de l'humanité, & dont la connoissance est cependant l'un des plus essentiels devoirs des Souverains, par la nécessité de repousser la force par la force, & d'être le bouclier & le rempart de leur

Empire. Mais l'art militaire s'apprend mieux dans les camps, au milieu du tulmulte des armes, que dans les livres & dans la retraite du cabinet.

Dès l'âge de seize ans, Mgr. le Dauphin témoigna le plus vif empressement d'accompagner Louis XV dans ses Campagnes de Flandre, & de se former au métier de la guerre, sous ce fameux Général, l'émule des Condé & des Turenne, qui commandoit alors nos armées (8).

A Fontenoy, dans cette journée plus célébre encore par l'ardeur qu'inspiroit à l'Armée Françoise, la présence de tout ce que la Patrie avoit de plus cher, que par l'habileté du Maréchal de Saxe qui se ranimoit sur les bords du tombeau, & (9) *montroit* (suivant l'expression de Bossuet), *qu'une ame guerriere est maitresse du corps qu'elle anime*, avec quelle ardeur il presse Louis XV de lui permettre de combattre à la tête de sa Maison, cette redoutable colonne angloise que nos troupes eurent tant de peine à rompre ! (10) le péril augmente : « Marchons, » François, (s'écrie Mgr. le Dauphin), où » donc est l'honneur de la Nation ? » (11) Ne lui dites pas que la vie de l'héritier présomptif du Trône doit être ménagée ; il répond, comme

le grand Condé, *que plus intéreſſé par ſa naiſ-*
ſance à la gloire du Roi & de la Couronne, l'hé-
ritier du Trône, doit, dans le beſoin, être plus
diſpoſé à en relever l'éclat. « Que me parlez-vous
» de ma vie ? ce n'eſt pas la mienne, c'eſt celle
» d'un Général qui eſt précieuſe le jour d'une
» bataille ». A peine la triſte nouvelle de la
défaite de Crevels eſt-elle parvenue à la Cour,
qu'il écrit au Roi, pour le ſupplier de lui
permettre de venger l'honneur de la France ;
(12) « Non, je ſuis ſûr qu'il n'y a point de
» François dont le courage ne ſoit ranimé
» par la préſence de votre Fils unique, qui les
» menera au combat ».

Et toutefois ne craignez pas qu'il oublie
la ſublime leçon qu'il reçut à Fontenoy : (13)
« Voilà, mon fils (lui diſoit Louis XV en lui
montrant le champ de bataille couvert de morts
& de mourans), » ce que coûte une victoire ».
Mgr. le Dauphin a apprécié la fauſſe gloire des
conquérans. (14) « Les conquérans, diſoit-il,
» ſont fort au-deſſous des Rois juſtes & paci-
» fiques ; il eſt bien plus beau d'être les délices
» que la terreur du monde....... Un Roi digne
» de l'être ſe montre prodigue de ſon ſang &
» avare de celui de ſes Sujets ».

Aussi ses études eurent-elles pour but unique de connoître les fondemens de cette autorité que les Rois exercent sur les peuples, & les devoirs qu'elle leur impose.

Lorsque les anciens peuples voulurent donner un nom commun à leurs Rois, ils n'en trouverent pas qui leur rappellât plus efficacement les devoirs de la Royauté que celui de pere (15). Mgr. le Dauphin a saisi cette idée avec enthousiasme :

« (16) Le Monarque doit se regarder comme
» le chef d'une nombreuse famille ; il doit
» aimer les peuples, non comme un maître
» aime ses esclaves, mais comme un pere aime
» ses enfans..... (17). La gloire & le bonheur
» d'un Roi consistent à savoir allier la sagesse,
» la force & la bonté, *afin que de tous ces sen-*
» *timens réunis, se forme entre lui & la Nation,*
» *cet amour mutuel, cette confusion d'intérêts qui est*
» *le caractère de la vraie puissance* ».

Pouvoir tout ce qu'on veut, n'être gêné que par l'impossibilité physique, c'est le vœu de tous les hommes ; mais la société est incompatible avec cette liberté indéfinie. Il est donc nécessaire qu'il existe une autorité assez puissante pour rapprocher, par de sages Ordonnances, les intérêts particuliers, de l'intérêt général, pour veiller à l'exécution des Loix, pour prévenir les défordres, bien plus encore que pour les réprimer. A qui confierez-vous de tels pouvoirs? Au peuple ? A cette hydre que des impulsions paffageres entraînent prefque toujours, qui ne revient à la vérité, que vaincu par les obftacles, quand les preftiges qui l'avoient trompé font enfin diffipés ? A de prétendus repréfentans de la Nation ? Plus ils tiendront au peuple, plus ils auront d'intérêts particuliers à fatisfaire, plus le bien public fera facrifié. N'efpérez pas de prévenir tous les abus; les établiffemens humains ne peuvent atteindre à cette perfection; mais Dieu nous a tracé dans l'autorité paternelle & la piété filiale, le modele de cette puiffance, qui tellement élevée fur nos têtes qu'elle n'a d'autre intérêt que le bien public, attire librement tous les cœurs vers le centre unique de l'intérêt commun.

O vous, qui ne ceffez de répéter *qu'il n'eft aucune bonne conftitution fi le pouvoir n'arrête le pouvoir*, montrez-nous comment ce combat de forces refpectives n'excitera pas de fermentations dangereufes ? comment l'équilibre des Puiffances, dans le même état, dans les mêmes limites, ne produira pas l'anarchie? comment la prépondérance de l'une ne changera pas la forme du Gouvernement en une constitution plus orageuse? comment la victoire de l'autre ne dénaturera pas l'intérêt du Monarque?

Un homme célebre par des écrits recherchés avec avidité, parce qu'ils voilent, sous le charme d'une fiction légere, des maximes de morale & de politique, rendues plus piquantes par le sel de la critique; digne en effet de toute sa réputation, s'il n'eut été entraîné quelquefois dans des écarts dangereux, l'Auteur des Lettres Persanes & du Temple de Gnide entreprend de tracer le tableau de tous les Gouvernemens, d'en peser les avantages & les inconvéniens. Un style hardi, des idées fortes, mais qui semblent décousues, & comme jetées au hasard, quoiqu'elles aient entr'elles une liaison intime, ont acquis à l'Esprit des Loix des succès prodigieux par ses défauts mêmes. Mgr. le Dauphin recueille avec avidité ces maximes précieuses qui distinguent le despotisme de la Monarchie, & les caracteres, en apparence contradictoires, de cet honneur, l'ame du Gouvernement monarchique (18).

En partant de ces vérités, comme de points

lumineux, il généralise ses idées ; il porte ses vues sur cette grande société dans laquelle les Nations ne sont que des individus, dont Dieu, le Monarque universel, décide le sort par le redoutable droit de la guerre ; & descendant ensuite au corps politique de chaque Nation, il envisage dans la Monarchie les avantages de cette Puissance qui anime & communique le mouvement à toutes les parties du Gouvernement ; il s'instruit des droits, des privileges, des prérogatives du Clergé, de cette Noblesse si essentielle au Gouvernement monarchique, du Peuple, & de ces Corps destinés par le Monarque lui-même à rendre la justice, à ses Sujets, à porter au pied du Trône les vœux & les besoins de la Nation, à lui rappeller sans cesse son intérêt unique, le bien public. C'est à ce point de vue que Mgr. le Dauphin rapporte les détails du droit public & privé, & des diverses parties de l'administration politique à l'examen desquelles il se livre.

Cessez de nous fatiguer par de vaines terreurs, qu'un Prince, dont la piété étoit si éclairée eût toléré ces anciennes entreprises de la puissance ecclésiastique, effet de l'ignorance & de l'anarchie de siecles barbares ; dont on nous offre perpétuellement le phantôme odieux ; comme si ces abus étoient encore redoutables aujourd'hui, ou que l'ambition de quelques Ministres pût être imputée à la Religion qui la condamne si expressément. Craignons plutôt les suites funestes de cet esprit, qui ne s'éleve contre l'autorité spirituelle que Dieu a donnée à son Eglise, que pour lui enlever la protection des Souverains, résoudre le lien le plus capable de soumettre les cœurs à l'autorité temporelle, & procurer, s'il étoit possible, l'anéantissement de cette puissance qui les révolte d'autant plus, que dépositaire des peines & des récompenses de cette vie, qu'ils prisent seules, elle oppose une digue plus redoutable à l'injustice & à la licence (19).

(20) Entre les discours du Chancelier d'Aguesseau, celui qui a fait la plus vive impression sur l'esprit de Mgr. le Dauphin, est ce célebre requisitoire dans lequel ce Magistrat, apportant au Parlement les Lettres-Patentes concernant le livre des *Maximes des Saints*, s'éleve, pour ainsi dire, au-dessus de lui-même, pour annoncer les heureux effets de la concorde du Sacerdoce & de l'Empire, en même temps que l'humble soumission du Prélat,

que

que la sensibilité de son ame & les charmes de la plus brillante imagination avoient égaré pour quelques instans : « Je vais (disoit Mgr. le Dauphin, au Chancelier d'Aguesseau, lui-même) » vous donner un exemple de » sublime ». Le Magistrat qui reconnoît son propre ouvrage dans la bouche du Prince, se retire également pénétré de sensibilité d'une louange si fine & si inattendue, d'admiration des vertus & des connoissances de Mgr. le Dauphin, & de joie des espérances qu'il fait concevoir à la France, dans un âge peu susceptible de la majesté de ces grandes vérités qui tiennent à la constitution des Empires, & aux premieres maximes du Droit public.

Tel Saint Louis le plus rigide observateur non seulement des préceptes, mais des conseils évangéliques, celui qui réprimoit les blasphémateurs par des loix si séveres, est le même Prince qui affermit l'autorité chancelante sous l'anarchie féodale, rentra dans les droits les plus précieux de sa Couronne, réforma l'administration de la Justice, & s'opposa, avec une sainte fermeté, aux entreprises des Papes, & de ceux des Ecclésiastiques qui osoient employer le glaive spirituel de l'Eglise à la défense d'intérêts ou de préten-

B

tions temporelles. (21) O vous qui ofez foutenir que les vertus chrétiennes font incapables d'élever l'homme à la fublimité de l'héroïfme, confidérez ce Prince plus grand dans les fers qu'il ne l'avoit été dans fes victoires, forçant, par fes vertus, l'admiration de ces Barbares mêmes dont l'Hiftoire nous peint avec tant d'énergie la cruauté & la perfidie.

(22) Les mémoires les plus exacts ont appris à Mgr. le Dauphin quelles font les forces du Royaume; il fait quelle relation exifte entre la richeffe publique & la richeffe particuliere; il connoît les moyens d'encourager le commerce, de fertilifer toutes les parties de l'admiration, en arrêtant ce faut rapide de l'extrême richeffe à l'indigence, funefte préfage de la chûte des Empires; il a vu jufqu'à quel point le luxe peut être toléré dans un grand Etat, & quelles bornes on doit mettre à fes progrès, de peur qu'il n'énerve le reffort du Gouvernement, & n'entraîne la ruine de ceux mêmes qu'il avoit enrichis. Mgr. le Dauphin avoit pour maxime, (23) *que toute impofition fur le peuple eft injufte, lorfque le bien général de la fociété ne l'exige pas.* « Ainfi il fe difpofoit à (24). *alléger le joug de* » *l'autorité*, à faire tourner au profit des peu-

« ples les trésors dont il devoit être un jour
» dépositaire ».

(25) « J'aimerai toujours Mgr. le Dauphin,
(disoit un Laboureur) » parce qu'à la chasse, il
» n'entre pas sur les terres couvertes de bleds ».
Ce respect qu'il portoit à la propriété & à l'Agri-
culture, la source des richesses primitives, lui
fit chercher le moyen d'encourager cet art, le
premier dans l'ordre de la nature, & le plus nécessaire de tous. Il n'en connut pas de plus effi-
cace que la décharge du peuple & l'aisance du
Cultivateur : (26) « N'admirez-vous pas ces
» bonnes gens, disoit-il, ils nous aiment, parce
» que nous ne leur faisons pas de mal; & des
» Courtisans rassasiés de nos bienfaits n'ont pour
» nous que de l'indifférence ».

(27) Une expérience malheureusement trop
certaine lui a appris, (28) *qu'il est plus aisé de
former les mœurs d'une Nation, que de les réformer.*
Mgr. le Dauphin a balancé les différens systêmes
d'éducation publique; il en a pesé les avantages
& les inconvéniens, pour tracer le plan le plus
capable d'exciter l'émulation, d'assurer la pureté des mœurs, la solidité de l'instruction, & le
triomphe de la Religion : (28) « Les beaux jours
» de Lacédémone, disoit-il encore, furent ceux

» où l'on éleva fa jeuneffe avec des foins parti-
» culiers, ... je n'ai jamais douté que la mo-
» rale d'Epicure, à laquelle on attribue la déca-
» dence de l'Empire Romain, ne doive entraîner
» la ruine de toutes les Nations chez lefquelles
» elle s'introduira ». (29) O Prince, le digne
objet de nos regrets ! .... quelle funefte pré-
voyance vous força de priver ce Royaume d'une
partie des monumens de votre fageffe & des vues
que vous aviez pour fa félicité !

Mais la première qualité des Rois eft ce tact
fûr qui difcerne les talens & les vertus, les place
& les dirige. Qu'il eft difficile d'éclairer le laby-
rinthe du cœur de l'homme, dans ces Nations
qu'on nomme policées, non parce qu'elles font
en effet plus fages & plus vertueufes; mais parce
qu'une longue expérience leur a appris que la
vertu feule a droit de plaire, que tous les hommes femblent porter le même mafque, & que
le vice s'y traînant par des routes obfcures, cache
fans ceffe fa difformité. Serons-nous donc forcés
de regretter ces fiecles de barbarie, dans lef-
quels les vices extrêmes, comme les vertus,
avoient (s'il eft permis de parler ainfi) toute la
franchife de la nature? (30) Ce que nous éprou-
vons dans les conditions privées eft plus fenfible

dans les Cours, au milieu de cette multitude d'êtres qui se moulent aux caracteres, aux inclinations, aux goûts de ceux dont ils attendent la faveur. L'étude des hommes fut celle de toute la vie de Mgr. le Dauphin. (31) Il voulut qu'une plume dont la fidélité, le zele & les lumieres lui étoient connues, rédigeât, pour son instruction, un Traité de l'art de connoître les hommes. Il joint à la théorie une pratique habituelle, il consulte les personnes les plus éclairées, il observe sans cesse, il saisit ces nuances, ces traits délié qui distinguent le mensonge de la vérité, il rapproche le siecle présent des siecles passés. (32) Un Ecrivain célebre lui avoit présenté quelques volumes de l'Histoire de ces temps orageux de la décadence de l'Empire Romain, dans lesquels des Souverains entraînés par leurs passions, ou le jouet de leurs flatteurs, furent si souvent victimes du despotisme : « Abbé, (disoit-il à l'Abbé de Saint-Cyr, en lui montrant le Livre de M. Lebeau,) » *Avis aux Princes*...... » L'Histoire craint moins un Roi dans le tom- » beau, qu'un paysan dans sa chaumiere ».

C'est ainsi que Mgr. le Dauphin se préparoit aux fonctions augustes qu'il étoit destiné à remplir. (33) Appellé au Conseil, à peine a-t-il entendu le simple exposé des questions les plus embarrassantes, qu'il voit & la difficulté & le motif qui doit déterminer la décision. Dieu, suivant l'expression des Livres saints, lui avoit donné la sagesse pour présider à ses Conseils. La Religion, la pureté des mœurs, le maintien des Loix, les prérogatives des Ordres de l'État, cette chaîne de pouvoirs subordonnés & dépendans d'où résultent l'harmonie & la force de la constitution Monarchique, le bonheur des peuples, la gloire de la Nation, l'autorité du Roi, furent les grands objets qu'il ne perdit jamais de vue; jamais il ne les sacrifia à des considérations particulieres.

O siecle, dont on vante les lumieres, à quelles horreurs vous étiez réservé ! au moment de cet attentat horrible que le plus scélérat & le plus frénétique des hommes osa commettre, chargé par un pere de veiller au salut de l'État, après s'être prosterné aux pieds des Autels, pour implorer l'assistance de l'Éternel; (34) quelle sagesse éclate dans le Conseil auquel Mgr. le Dauphin fut obligé de présider en ce moment ! Tel que ces rochers majestueux dont la cime s'élevant au-dessus des nues, demeure inaccessible aux tempêtes qui agitent les régions inférieures, tel le génie de ce Prince conferve toute fa netteté & toute fa force, malgré le trouble de fon ame & l'horreur dont elle eft pénétrée.

(35) « Je n'ai fenti d'abord, (difoit-il, dans fa Lettre à l'Évêque de Verdun,) » que la dou-
» leur & le defefpoir de perdre un pere qui me
» témoignoit une tendreffe qui redoubloit en-
» core le déchirement de mon cœur; à peine
» ai-je été raffuré fur fa vie, que l'image de
» l'attentat commis a effacé en moi tout fenti-
» ment de joie. Je l'ai vu, & je ne puis le
» croire; j'étois préfent, & quand j'y penfe,
» je crois être dans l'horreur d'un fonge ; il me
» femble que je vis dans un autre fiecle. De
» quelques malheureux que les diffentions pré-
» fentes m'offriffent le tableau, celui-là ne s'étoit
» jamais préfenté à mon imagination ».

SECONDE PARTIE.

(36) « Lorsque Dieu (dit le célebre Évêque de Meaux) » forma le cœur & les entrailles de » l'homme, il y mit la bonté, comme le propre » caractere de la nature divine, & pour être » comme la marque de cette main bienfaisante » dont nous fortons.... La grandeur qui vient » par-deffus, n'eft faite que pour l'aider à fe » communiquer, comme une fontaine publique » qu'on éleve pour en répandre les eaux ».

Cette bonté, cette tendre compaffion pour les malheureux s'étoient manifeftées dans Mgr. le Dauphin, dès fon enfance. (37) Il ne peut encore parler, & déjà il exprime par fes geftes l'effet que produit fur fon cœur la vûe d'un infortuné. (38) Un Militaire implore-t-il fa protection, pour obtenir une gratification néceffaire; Mgr. le Dauphin, (alors à peine âgé de huit ans,) lui fait compter le double de la fomme qu'il demande : « Tenez, Monfieur, vous re- » viendrez folliciter, fi vous voulez, votre » gratification, quand vous ferez guéri ». Son Gouverneur eft forcé d'applaudir aux heureux artifices par lesquels il sait éluder la Loi, qui a mis des bornes aux libéralités de son enfance.

Laissez-le croître; sa bienfaisance sera plus étendue, ses vues plus éclairées: (39) « J'aimerai toujours mieux, disoit-il, manquer du superflu, que de voir des malheureux manquer du nécessaire ». (40) Il porta cette vertu jusqu'à épuiser ses revenus, & contracter des engagemens personnels pour y satisfaire.

Titus, les délices du Peuple romain, regarde comme perdue une journée qu'il n'a pu marquer par des bienfaits; mais ces graces que les Souverains répandent sur la foule qui les environne, sont souvent achetées par la surcharge des Peuples, & quelquefois par le sang des infortunés. Mgr. le Dauphin n'abusa jamais de son crédit pour épuiser les trésors de l'Etat.

(41) Que des flatteurs intéressés lui proposent de demander au Roi d'augmenter son traitement; qu'ils lui citent l'exemple du traitement que Louis XIV donnoit à son Fils : « Il ne me seroit pas difficile d'obtenir du Roi la même somme; mais, comme je ne la recevrois que pour la donner, j'aime mieux qu'elle soit retranchée sur la taille ».

(42) Echappé à cette maladie qui nous causa de si vives alarmes en 1752; dans cet âge à qui la dissipation est naturelle & presque nécessaire, écoutez comme il refuse les sommes que le Roi lui offre pour se procurer les agrémens propres à adoucir l'ennui d'une longue convalescence : « Je peux me passer de cet argent, » & le Peuple en a besoin ».

(43) C'est à Mgr. le Dauphin que nous sommes redevables de cette magnificence vraiment royale, qui convertit les somptueuses fêtes que la Ville de Paris préparoit à la naissance du Duc de Bourgogne, en une charité plus capable d'exciter une joie pure ; exemple imité dans les Provinces & dans les temps postérieurs. Ainsi nous avons vu notre auguste Monarque & la Fille des Césars, heureux par le plaisir de faire des heureux, remercier Dieu du premier gage de leur fécondité, au milieu de cent familles réunies par leurs bienfaits, s'occupant avec une sollicitude paternelle des suites des engagemens qu'ils avoient formés, leur bienfaisance s'étendre sur tous les âges, rapprochant, par une charité industrieuse, les feux de la jeunesse sanctifiés par la vertu du Sacrement, des glaces de la vieillesse, qui resserroit, aux pieds des mêmes Autels, les nœuds sacrés dont elle tire sa consolation & sa félicité.

(44) Après s'être appliqué pendant plusieurs années, à connoître l'état de nos Provinces, à l'aide des mémoires qu'il s'est procurés, Mgr. le Dauphin forme le projet de vérifier les faits par lui-même. Le Roi consent à ce voyage & en loue le motif. Il n'aura pas lieu, lorsque Mgr. le Dauphin sera instruit des dépenses qu'il occasionneroit : « En vérité, toute ma personne ne » vaut pas au Peuple ce que lui coûteroit ce » voyage ; je n'y veux plus penser ».

Loin, bien loin tous les prestiges de l'art, & cette gloire empruntée & factice que l'éloquence procure aux idoles qu'elle encense ; la seule simplicité d'un récit fidele peut dignement exprimer cette modestie, cette popularité qui rendent le commandement si doux dans la bouche de Mgr. le Dauphin : « (45) Mes en- » fans je suis d'autant plus content de vous, » que vous avez très-bien fait, quoique je vous » aie moi-même fort mal commandés ». C'est ainsi que s'exprimoit ce Prince au dernier Camp de Compiegne, auquel il survécut si peu, dont il avoit tracé le plan, dont il dirigeoit toutes les opérations ; (46.) où il étonne , par fes lumieres dans l'Art militaire , l'Etranger illuftre qui l'aborde fans le connoître. (47) S'il vifite fon Régiment de Dragons, avec quelle bonté il fe confond dans la foule ! de quel air il demande grace pour ceux qui ont manqué à l'étroite difcipline ! « Ne voulant pas, dit-il, » que perfonne foit malheureux dans un jour » qui lui caufe tant de joie ». Voyez-le accepter le repas qui lui eft offert, s'entretenir familiérement avec tous , leur préfenter Madame la Dauphine, avec cette fimplicité digne des mœurs antiques : « Approchez, mes enfans, » voilà ma femme ». Eh ! qui pourroit dignement exprimer les fentimens de tendreffe , de reconnoiffance, de refpect qui s'élevent alors dans tous les cœurs, & cette joie pure que la flatterie s'efforce en vain d'imiter , parce qu'elle n'appartient qu'à la vérité !

(48) Victime infortunée d'un coup involontaire, malheureux Chambord, dont il fe reprochoit la mort avec tant d'amertume ! Mgr. le Dauphin porte dans fon cœur, jufqu'au dernier foupir, le trait dont il vous a percé. Quels foins il vous prodigue ! comme il s'interdit, pour toujours, le fatal exercice qui a caufé ce malheur !

(49) O Rois, connoiſſez toute l'étendue de l'empire que votre puiſſance vous donne ſur les cœurs, quand vous ne la détournez pas de ſa deſtination ! Louis pourſuivoit en Alſace le cours de ſes conquêtes de Flandre, lorſque la maladie le conduiſit, dans Metz, aux portes de la mort. A peine la renommée a-t-elle publié cette affreuſe nouvelle, que le ciſeau tombe des mains de l'Artiſte, le jeune homme oublie les plaiſirs de ſon âge, la femme timide, le foible vieillard trouvent des forces dans le ſentiment qui les anime, pour arriver en foule dans nos Temples, ou arrêter ſur leur paſſage, ſuſpendus entre la crainte & l'eſpérance, ceux qui peuvent les inſtruire de l'état d'une vie à laquelle chacun croit la ſienne attachée. Quelle fut la vive douleur de Mgr. le Dauphin, lorſqu'il apprit le danger qui menaçoit la vie d'un pere ! « Hélas ! que va devenir ce Royaume ? quelle reſſource lui reſte ? Un enfant ! O Dieu ! ayez pitié de moi ! » Déjà il eſt à Verdun, impatient de voir l'objet de ſes alarmes, & d'arrêter, par l'effort de ſes vœux, cette ame prête à s'exhaler. La contagion regne dans Metz ; il reçoit des ordres formels de retourner ſur ſes pas. Ils furent inutiles. Recueillez, Prince, tout le

fruit de votre piété! Portez à la France l'agréable nouvelle du rétabliſſement de la ſanté de ſon Roi! Soyez témoin des tranſports de ce Peuple fidele, & du triomphe que l'amour des François prépare au retour de Louis! (50) Auſſi votre auguſte Pere rendit-il dans tous les temps hommage à vos vertus. Si l'on admire cette ſérénité, cette paix profonde que vous conſervez juſqu'entre les bras de la mort: « Il en » doit être ainſi, répond Louis XV, quand on a, » comme mon Fils, paſſé ſa vie ſans reproches ».

Mgr. le Dauphin eut un tendre attachement pour la Reine & pour Staniſlas; Staniſlas ſi grand dans le malheur, ſi grand dans la proſpérité, que ſa ſageſſe rendit magnifique & libéral avec des revenus modiques & de foibles moyens: (51) Staniſlas à qui un Prince ſi éclairé deſiroit que ſes enfans reſſemblaſſent.

Ombres cheres au cœur de Mgr. le Dauphin, *Henriette* (52) qui aviez fait avec lui, dès ſa plus tendre enfance, ce pacte reſpectable de vous avertir des fautes qui pourroient échapper à l'infirmité humaine; *Marie-Thereſe* (53) l'objet de ſes premieres affections, auprès du cœur de laquelle il voulut que le ſien fût placé; & vous (54) que les décrets de la Providence avoient choiſie par une deſtination qu'il étoit impoſſible à la prudence humaine de prévoir, pour être ſa compagne fidelle & l'imitatrice de ſes vertus, & qui l'avez ſuivi de ſi près dans le tombeau ! & vous encore, (55) auguſtes & vertueuſes Princeſſes, qui formiez cette ſociété intime à laquelle il craignoit de ſurvivre, qui le délaſſiez de ſes travaux, par l'accord des mêmes vertus, par cette effuſion de cœur réciproque, par cette liberté ſi ſupérieure aux fauſſes joies de la Cour, auguſte Famille qui partagiez ſes ſoins, fut-il jamais un Frere, un Parent plus tendre ?

L'attention avec laquelle il a placé auprès de ſes Enfans les perſonnes les plus dignes d'un tel miniſtere, ne le diſpenſeront pas de l'obligation qu'il ſait que la nature lui impoſe d'être, juſqu'aux derniers inſtans de ſa vie, leur premier & leur principal Inſtituteur. (56) « Voyez (s'écrioit » l'Armée aſſemblée à Compiegne, témoin de » ſes embraſſemens & de l'ardeur avec laquelle » ſes Enfans s'élancent vers lui,) Voyez » comme il aime ſes Enfans & comme il en » eſt aimé » ! Cependant il refuſoit à Madame Adélaïde, elle-même, du vivant de M. le Duc de Bourgogne, juſqu'à l'exemption de ces punitions légeres que la tendreſſe paternelle eſt

quelquefois forcée d'infliger ; mais que fes motifs font refpectables ! (57) « Je ferois grace à tout
» autre, & je pourrois accorder ce que vous me
» demandez, fi mon Fils n'étoit dans une place
» où il faut bien prendre garde qu'il ne s'acou-
» tume à la négligence ».

Il le perdit ce Prince que Mgr. le Dauphin préparoit ainfi à remplir le Trône auquel il étoit appellé par fa naiffance. Qui peut mieux exprimer que ce Pere la douleur qu'il reffentit ! (58) « Les lieux, les murailles mêmes nous rappellent
» ce que nous avons perdu, comme feroit une
» peinture ; il femble que l'on y voie les traits
» gravés, que l'on entende la voix ; l'illufion eft
» bien forte » !

(59) Le jour auquel les cérémonies du Baptême furent fuppléées à fes autres Enfans, Mgr. le Dauphin fe fait apporter les regiftres publics, où leurs noms fe trouvent infcrits avec ceux des enfans du Peuple : « Vous le voyez,
» mes Enfans, aux yeux de Dieu les conditions
» font égales ; il n'y a de diftinctions que celles
» que donnent la foi & la vertu. Vous ferez un
» jour plus grands que cet enfant dans l'eftime des
» Peuples ; mais il fera plus grand que vous aux
» yeux de Dieu, s'il eft plus vertueux ».

(60)

(60) Ecoutons Madame la Dauphine exprimer la satisfaction de ce Pere, & ce tendre embrassement qu'il vous donna, comme à sa vive image, ô Roi! lorsqu'après avoir reçu ses dernieres instructions sur l'emploi du temps, vous lui répondîtes : « Qu'il n'en étoit point » qui vous parût passer avec plus de rapidité que » celui que vous employiez à acquérir des con- » noissances utiles ». *Après que ses Enfans furent sortis* (dit Madame la Dauphine dans cet écrit où elle s'est plu à retracer l'objet de sa douleur) *il me rappella le plaisir qu'il ressentoit de ce que le Duc de Berry lui avoit dit.*

Avec quelle sensibilité eût-il applaudi à cette ardeur pour l'étude, à ce goût des Lettres & des Beaux-Arts, qui caractérise aujourd'hui l'un de ses augustes Enfans, autant que son tendre amour pour le Roi, son zele pour le bien public, & son attachement aux saines maximes du Gouvernement françois!

Déjà se manifestoient, dans le troisieme, à peine sorti de l'enfance, les signes certains d'une ame élevée & sensible, & ces présages heureux d'un tact sûr, qui, recueillis avec avidité, concilioient dès-lors à ce Prince l'amour de la Nation.

C

Des amis ! Ce nom que l'orgueil du Trône dédaigne, peut-il trouver ici son application, malgré l'intervalle immense qui sépare les Enfans des Rois du reste des hommes ? Mgr. le Dauphin eut des amis, & ce fut à les choisir qu'il employa toute la sagacité de son esprit, tout ce que l'étude des hommes lui avoit donné de connoissances. Vous fûtes du nombre, Ministre aussi vertueux qu'éclairé, Guerrier aussi humain que magnanime, qu'il destinoit à être l'appui de sa vertu, (61) *si jamais*, disoit-il, *j'ai le malheur de régner*; (62) vous, pour lequel Mgr. le Dauphin adressoit à l'Éternel, pendant que vous exposiez votre vie dans nos armées, cette priere qui sera à jamais le plus magnifique éloge que vous puissiez recevoir ; vous, qui répondîtes à cet attachement d'un grand Prince, par un attachement dont le tombeau ne put rompre les nœuds : (63) *Huc usque luctus meus*; (64) vous, qui goûtant, par choix, les charmes d'une condition privée, ne crûtes pas cependant *qu'il vous fût permis d'oublier les droits qu'avoit sur vous le Fils de Mgr. le Dauphin*; ombre si chere à ce Prince ! seule vous pourriez dignement développer les ressorts de cette ame qui vous fut connue ; seule vous pourriez nous dire comment Mgr. le Dauphin favoit defcendre, pour fes amis, du rang que lui donnoient fa naiffance & fes hautes deftinées : (65) « Songez, difoit-il à l'un d'eux, » que je ne prends ici que la qualité d'ami ».

TROISIEME PARTIE.

Deux colonnes pofées par la main de l'Éternel affurent la tranquillité publique & le bonheur des hommes, la Religion & l'autorité. Il eft impoffible d'effayer d'ébranler l'une, fans porter à l'autre des fecouffes violentes, capables d'entraîner la chûte de l'édifice. Pourquoi en eft-il ainfi ? Par une conféquence de cette vérité que les Sages de l'antiquité ont reconnue eux-mêmes, que les Loix font impuiffantes fans les mœurs. (66) Il étoit donc de la juftice & de la bonté de Dieu de fixer, par des Loix pofitives, émanées de fa fageffe, les volontés incertaines des hommes trop fouvent égarés par leurs paffions. La piété de Mgr. le Dauphin ne fut pas feulement le fruit de l'éducation qu'il avoit reçue, d'une heureufe habitude de la vertu, de fon refpect pour la fainteté de la morale évangelique ; elle étoit fondée fur l'examen le plus réfléchi des

C ij

preuves qui démontrent l'origine céleste de cette morale, si supérieure à la sagesse des Philosophes de tous les siecles (67).

Comment l'amour de la vérité, la soif des biens éternels, ne produiroient-ils pas des efforts aussi généreux que ceux qu'inspire l'amour de la gloire & des intérêts passagers ! C'est ainsi que, dans ce siecle d'impiété & d'irréligion, nous avons vu la Fille du plus puissant Monarque de l'Europe, renoncer aux honneurs & aux plaisirs d'une Cour brillante, pour revêtir le cilice de Sainte Thérese ; mais ces exemples sont rares & doivent l'être : « La vraie dévotion, disoit » Mgr. le Dauphin, loin de nuire à la société » est seule capable d'y maintenir le bon ordre ».

Il avoit fait, en 1752, une premiere épreuve de l'amour des François. Princesse qui lui rendîtes alors, au péril de vos jours, des soins si assidus & si tendres : (68) « Eh ! qu'importe, » disiez-vous que je meure ? La France ne man-» quera jamais de Dauphine, pourvu que je lui » conserve son Dauphin ». Hélas ! vous ne pensiez pas alors qu'une autre maladie plus redoutable dût l'enlever au milieu de sa carriere !

Une santé qui n'avoit été altérée, depuis ce temps, par aucune infirmité, une constitution forte, son âge, une vie réglée quoique laborieuse, étoient le fondement de nos espérances; mais un dépérissement progressif, pendant deux années, des alternatives fréquentes de convalescence & de rechûtes annoncerent un desordre funeste, Mgr. le Dauphin voit le tombeau s'ouvrir pour lui sur les marches du Trône.

Toute sa vie avoit été une préparation à ce moment si redoutable pour ceux qu'il surprend. (69) Il prévient Madame la Dauphine, sur le desir ardent qu'il a de remplir les derniers devoirs du Chrétien; docile enfant de l'Eglise, il se fait instruire, même des usages, des Loix locales du Diocese dans lequel il se trouve, & s'y soumet avec une attention scrupuleuse. Le Roi, la Reine, ses augustes Enfans, les Princesses, la Cour, un Peuple immense fondent en larmes, Mgr. le Dauphin seul est tranquille. (70) « Je suis ravi de joie, disoit-il, je n'aurois ja- » mais cru que recevoir ses derniers Sacremens » effrayât si peu, & donnât tant de consolation ». De ce moment sa chambre devient un Temple où l'on offre tous les jours le divin Sacrifice, auquel il participe par des Communions fréquentes.

Ce fut alors que ceux qui n'avoient connu qu'imparfaitement le tréfor que la France poffédoit, fentirent toute l'étendue de fa perte : (71) « Hélas ! il y a fix mois que bien des gens me déteftoient ; je ne l'avois pas plus mérité que l'amour qu'on me porte aujourd'hui ».

(72) Guerriers magnanimes répandus dans les différentes Provinces de ce Royaume, vous donnâtes l'exemple de cette piété d'autant plus franche & plus fervente que l'idée de la mort, que vous favez affronter par devoir, eft plus préfente à vos efprits. Je n'oublierai pas, Régiment de Dragons-Dauphin, ce jeûne folemnel que vous vous prefcrivîtes, pour être en état de foulager l'indigent, par le retranchement d'une partie de votre fubfiftance.

Votre génie, vos connoiffances immenfes, votre patriotifme, ô Prince le digne objet de nos regrets ! étoient ignorés de la multitude ; votre modeftie, votre filence, votre retraite, les avoient dérobés aux yeux du fiecle ; (73) mais votre bienfaifance, votre juftice, votre popularité, votre piété avoient percé comme malgré vous. Elles reçurent l'hommage le plus digne de vos vertus, par la douleur de tous les bons Citoyens, par les larmes de ce peuple dont le jugement eſt d'autant plus ſûr, qu'il eſt plus à l'abri des paſſions, des intérêts particuliers, & de la cabale qui entraînent trop ſouvent les conditions plus relevées.

Lorſque la voix des Pontifes ſe fut fait entendre, ce que les fléaux les plus redoutés produiſent de déſolation, eſt une foible image de la conſternation univerſelle qui ſe répandit ſur le Royaume. Les habitans des campagnes arrivent par troupes, dans la ſaiſons la plus rigoureuſe, pour implorer le ſecours des ſaints Protecteurs de la France, en faveur de celui dont ils ſavent que les vœux les plus ardens, les travaux les plus aſſidus tendent à les rendre heureux. Les prieres publiques n'ont plus de terme; l'enceinte de nos Temples ne peut contenir l'affluence de ceux qui s'y précipitent. Proſternés dans le Parvis, des Citoyens de toute condition, de tout âge, de tout ſexe, implorent par leurs larmes, la clémence du Très-Haut, le deuil univerſel ſemble avoir ramené l'égalité de la nature.

Quelle étoit, dans ces momens de trouble & d'affliction, la ſérénité de Mgr. le Dauphin ! Si l'on admire cette patience qu'il conſerve au milieu des douleurs les plus aiguës, & juſques dans l'affaissement de la nature : (74) « *C'est,* « *dit-il, que ceci vient de Dieu, & que c'est pour* « *Dieu* »..... (75) « Eh ! contre qui voulez-vous que je m'impatiente » ?

(76) « J'espérois faire mes dévotions à « Noël ; dites-moi si je puis vivre encore quinze « jours ». Ainsi parloit ce Prince à celui de ses Médecins qui lui montroit un attachement & une sensibilité particuliere. « Vous êtes « ému, rassurez-vous, vous savez que je ne « crains pas la mort ».

Ce n'est pas assez de dire qu'il ne craint pas la mort, il la desire. (77) « Je n'ai jamais été « ébloui par l'éclat du Trône, auquel ma naissance m'appelloit, parce que je ne l'ai envisagé que du côté des devoirs redoutables « qui l'accompagnent, & des périls qui l'environnent ».

Le respectable Prélat qui gouverne l'Eglise de cette Capitale l'instruit qu'on a fait, pour sa vie, ces prieres solemnelles auxquelles on n'a recours que dans les calamités les plus extrêmes. (78) « Hélas ! j'espere que ces prieres « serviront au salut de mon ame, car pour celui « de mon corps je ne le desire pas ».

Ne lui dites point que sa conservation inté-

reffe la Religion & l'État. (79) «,Celui, ré-
» pondit-il, qui a établi fa Religion fans moi,
» faura bien la foutenir fans moi. Ah ! mon
» Dieu ! protégez ce Royaume, comblez-le de
» vos graces & de vos bénédictions les plus
» abondantes »!

(80) Il fe reproche jufqu'aux mouvemens de joie involontaire que produifent ces inftans de confolation & d'efpérance que le danger le plus extrême laiffe quelquefois entrevoir, femblables à l'éclair qui ne perce les ténèbres que pour nous replonger dans une nuit plus obfcure.

Mais lorfque le péril augmente, l'ame de ce Prince femble participer d'avance à l'activité & à la gloire dont elle doit jouir : (81) « Per-
» mettez que je ne demande à Dieu que l'ac-
» compliffement de fa volonté, fes penfées font
» bien différentes des nôtres ». Telle eft la foi qui l'anime ! Il répétoit avec enthoufiafme ces énergiques paroles de l'Ecriture-Sainte : *Cogitationes meæ non funt cogitationes veftræ.*

Déjà ce Prince ne tient plus à la terre que par fa bienfaifance, (82) par fon amour pour l'objet qui en eft le plus digne, (83) & par fon attachement à fes auguftes Enfans : (84) «Voilà

„ (vous difoit-il, ô Princes, en vous montrant
„ fes bras décharnés) voilà ce que c'eft qu'un
„ grand Prince; Dieu feul eft immortel, & ceux
„ qu'on appelle les Maîtres du monde, font,
„ comme les autres, fujets aux infirmités &
„ à la mort „. Ce fut la derniere inftruction que
vous reçûtes d'un Pere fi digne de votre amour,
& en même temps le dernier témoignage de fa
tendreffe.

(85) « Mon Dieu ! ferai-je donc encore
„ privé long-temps de la joie ineffable de votre
„ vue ! „ (86) Avec quelle fermeté, il
répete ces paroles de la Priere des Agonifans,
fi confolantes pour le Chrétien, mais fi effrayantes pour la nature, que le Prélat qui les récite
devant lui, ne peut prononcer que d'une
voix tremblante, entrecoupée de fanglots :
« Partez, ame chrétienne, allez jouir de
„ la paix & de la félicité qui vous attendent dans
„ le fein de Dieu „ !

Il n'eft plus, ce Prince fi fupérieur à tous les
Héros de l'Antiquité, par l'étendue de fon génie,
par fes connoiffances en tout genre; mais furtout par fes vertus & par fon amour pour les
Peuples; ce Prince digne, par la piété la plus
éclairée, de s'affeoir fur le Trône de Saint

Louis. Grands du monde, ce n'eſt pas votre affliction que je regrette de ne pouvoir peindre, vous en prodiguez les apparences, lorſque votre intérêt l'exige ; c'eſt l'affliction de ce Peuple, qui accompagnoit, juſqu'à Sens, le cercueil de Mgr. le Dauphin ; (87) car il dédaigna, même en cette triſte cérémonie, les honneurs attachés à ſa naiſſance : (88) « Hélas ! diſoient-ils, il au-
» roit voulu diminuer nos Tailles, & nous rendre
» heureux ; c'eſt Dieu qui nous a punis : nous ne
» méritions pas d'avoir un tel Roi » ; (89) c'eſt la douleur d'un Pere qui connoiſſoit toutes les vertus de ſon Fils ; (90) c'eſt la douleur d'une Mere qui regardoit, à tant de titres, ce Fils, comme le plus magnifique bienfait que le Ciel eût pu accorder à ſes vœux ; c'eſt la douleur de cette tendre Epouſe, dont l'ame étoit comme identifiée avec la ſienne, qui ne trouva de conſolation que dans ſon affliction même, (91) dans le récit qu'elle traçoit du touchant ſpectacle dont elle avoit été témoin, de cette Epouſe (92) à qui Mgr. le Dauphin mourant donna la marque la plus ſignalée de ſa confiance, en priant le Roi de remettre en ſes mains l'éducation de ces auguſtes Rejetons, les précieuſes eſpérances de l'Etat ; devoir le plus cher au cœur

de cette Princesse, dont elle s'est acquittée si dignement jusqu'aux derniers instans de sa vie ! Ce que je regrette de ne pouvoir peindre, c'est votre douleur, ô Princesses ! chargées de la pénible fonction de consoler un Pere, une Mere, une Veuve, lorsque votre piété & votre foi pouvoient seules soutenir le poids de l'affliction dont votre ame étoit pénétrée. C'est la douleur de Stanislas : (93) « la perte réitérée d'une » Couronne n'a jamais été jusqu'à mon cœur, » celle de mon cher Dauphin l'anéantit ». C'est la douleur de l'Europe entiere, de nos Alliés, de nos Ennemis mêmes ; (94) « Germanicus » pleuré des Romains, le fut aussi de leurs » voisins, des ennemis même de leur Empire ». Ce que je regrette enfin de ne pouvoir peindre, c'est votre douleur, ô Princes ses augustes Enfans, aussi redevables à l'éducation qu'il vous a donnée, qu'à la nature, des vertus qui font aujourd'hui le bonheur de la France ! (95) « Ne » pleures pas, (disoit à son mari, dans un lan- » gage plus expressif que nos discours, la femme » d'un Laboureur) les Enfans d'un si brave » Homme ressembleront à leur Pere ».

Et vous, ô Roi, que l'amour de la justice caractérise, qui marchez à grands pas sur les traces des Monarques les plus chers à la Nation, que peuvent nos vains efforts, pour exprimer (96) ce sentiment qui vous arracha des larmes, lorsque vous vous entendîtes donner, pour la premiere fois, un titre qui vous rappelloit le Pere auquel vous aviez succédé! L'image des vertus d'un tel Pere est plus profondément empreinte dans votre ame, que ces traits périssables que la mort a effacés. En suivant un tel Modele, les Loix régneront par les mœurs ; sous votre empire, la Nation applaudira bien plus à vos vertus qu'à vos conquêtes ; & vous confirmant ces titres glorieux qu'elle vous a donnés, de LOUIS-LE-BIENFAISANT, LOUIS LE RESTAURATEUR DES MŒURS, l'amour de vos Sujets sera le plus ferme appui de cette autorité sainte que vous avez reçue du Ciel pour le bonheur de la France.

Puisse, SIRE, la terreur de vos armes, rappeller la paix qui est l'objet de vos souhaits ! Puisse cette Nation que la mer sépare de nous, comme jadis Rome le fut de Carthage, apprendre par l'expérience, ainsi que cette fiere rivale du Peuple romain, que prétendre un empire chimérique sur cet élément destiné par la nature à borner les Continens & que l'industrie humaine fait servir de communication aux richesses des deux hémisphères, c'est attenter sur les droits de l'humanité, c'est appeller les Nations à la défense de la liberté commune! Puisse cette sagesse, cette justice que l'Europe respecte dans VOTRE MAJESTÉ, qui l'ont déjà rendue l'Arbitre & le Pacificateur des différends élevés entre le Turc, la Russie, l'Empire & la Prusse, étouffer, dans le sein de la France, une séduction plus dangereuse que les armes de l'Anglois, l'enthousiasme fanatique d'une fausse liberté qui cache une servitude réelle, sujette à plus d'orages que les flots de l'Océan! Puisse enfin la douceur & la fermeté du gouvernement de VOTRE MAJESTÉ, soutenir, dans le cœur des François cet attachement aux saines maximes de l'autorité monarchique qui caractérise depuis tant de siecles la Nation la plus digne de l'amour de ses Rois!

NOTES
DE L'ÉLOGE
DE MONSEIGNEUR LE DAUPHIN.

(1) Voyez la Vie de Mgr. le Dauphin, pages 31, 265 & 266.

(2) Vie de Mgr. le Dauphin, page 1 & suivantes.

(3) Voyez sur la premiere éducation de Mgr. le Dauphin, la Vie, Livre I; & les Mémoires, chap. 1, où l'on trouve des preuves qu'elle ne fut pas auffi imparfaite qu'il la jugea.

(4) Vie, page 65.

(5) Mémoires, chap. 10, page 226.

(6) Ce tableau n'a rien d'exagéré, on peut s'en convaincre par les détails rapportés dans la Vie de Mgr. le Dauphin & dans fes Mémoires.

(7) Vie, page 82.

(8) Marie-Thérefe, Infante d'Efpagne, premiere femme de Mgr. le Dauphin, pour laquelle il éprouva les premiers feux d'un amour qu'il conferva jufqu'au tombeau. Vie, page 82 & fuiv.

(9) Boffuet, Oraifon funebre du Prince de Condé.

(10) « Il ne manqua à Mgr. le Dauphin, (difoit » M. le Maréchal de Broglie) que les occafions pour » égaler, dans l'Art Militaire, les plus fameux Héros » de fa Race »; Vie, page 133. *Il fallut un ordre du*

Roi, pour qu'il ne joignît pas l'ennemi, & il s'en tint toujours trop à portée. Voyez la Vie du Maréchal de Saxe, par le Baron d'Espagnac.

(11) La première partie est le mot du Prince de Condé, pendant la Bataille de Rocroy, *Bossuet, Oraison funebre*, la seconde est le mot de Mgr. le Dauphin à Fontenoy, *Vie, pages* 122 & 123. J'ai cru devoir réunir ces idées qui ont tant d'analogie.

(12) Vie, page 232. Le Roi lui fit cette réponse : « Votre lettre, mon Fils, m'a touché jusqu'aux larmes ; je suis ravi de reconnoître en vous les sentimens de vos Peres ; mais il n'est pas encore temps que je vous sépare de moi ».

(13) *Ibid.* page 125.

(14) Vie, page 136.

(15) Les Peuples de la Palestine donnoient à leurs Rois, le nom d'*Abimélech*, qui signifie *pere Roi*, Bossuet, *Politique sacrée*.

(16) Mémoires, chapitre 5, page 93.

(17) Vie, page 154.

(18) Ces vérités ont été développées avec plus d'étendue, dans un Livre intitulé : *Les vrais principes du Gouvernement François, démontrés par la raison & par les faits ; par un François.* Geneve, 1777 ; & se trouve à Paris, chez Moutard, Imprimeur-Libraire de la REINE, rue des Mathurins, à l'Hôtel de Cluny.

(19) Voyez cet extrait dans les Mémoires, chapitre 6, page 125 & suivantes.

(20) Vie, page 2 ; Mémoires, chapitre 2, page 40. & suivantes.

De la protection que le Souverain doit aux Ecclésiastiques.

Des

Des précautions qu'il doit prendre contre leurs entreprises. En quoi ils sont soumis aux Juges ordinaires.
En quoi ils sont independans ?

Tel est le précis des refléxions de Mgr. le Dauphin & de l'extrait qu'il avoit fait du Livre de M. *de Marca*, de la Concorde du Sacerdoce & de l'Empire. Mémoires chapitre 5, page 105 & suivantes: « J'avoue, disoit-il, que de toutes les matieres qui concernent les devoirs des Souverains, celle-ci sans doute est la plus délicate. Dans quels excès un Prince ne peut-il pas être entraîné par un zele mal-entendu ! Laisser les Ministres de l'Eglise empiéter sur les droits de la Puissance temporelle, n'est-ce pas introduire l'anarchie dans l'Eglise, l'ambition dans le Sanctuaire ? Juger les décisions de ceux qui sont dépositaires de la Foi, se rendre maître absolu de la discipline & du culte, n'est-ce pas entreprendre sur cette autorité que J. C. a confiée aux premiers Pasteurs, & qu'il a si bien distinguée de celle qu'il leur ordonna de respecter dans les Empereurs » ?

(20) Voyez dans l'Histoire de Saint Louis, par Joinville, pages 14 & 15, la réponse de ce Prince à l'Evêque Guy d'Auxerre, qui lui demandoit de contraindre ses Sujets à se faire absoudre des excommunications lancées alors trop souvent pour des intérêts temporels. Voyez aussi avec quelle fermeté ce saint Roi résista aux instances de la Cour de Rome, & garda la plus parfaite neutralité au milieu des guerres qui déchiroient l'Allemagne & l'Italie, sous les pontificats d'Honoré III, de Grégoire IX, & d'Innocent IV.

(21) Vie, pages 146 & suivantes.

D

(22) *Ibid.* page 149.

(23) *Ibid.* pages 139 & 140.

(24) *Ibid.* 151 & 152.

(25) *Ibid.*

(26) *Ibid.* pages 157 & 158.

(27) *Ibid.* Les systêmes des prétendus Sages de notre siecle se réduisent au systême *d'Epicure*, qui n'admettoit que des Dieux immobiles, ne s'occupant en aucune maniere de ce qui arrivoit dans le monde; ou à celui de *Straton* dont Cicéron dit : « Que ce Philosophe » ne mérite pas d'être écouté, lorsqu'il soutient que la » nature seule renferme en elle-même l'énergie néces- » saire pour la génération, le progrès & le dépérisse- » ment des êtres ». *Nec audiendus Strato is qui Physicus appellatur, qui vim divinam in natura sitam esse censit, quæ causas gignendi, augendi, imminuendi habeat, sed careat omni sensu & figurâ.* Cic. de Nat. Deor. ; ou, ce qui revient au même, » que cette nature n'est qu'une ma- » tiere destituée d'intelligence & de sentiment ». Prouver que tous les raisonnemens de nos Sages nous ramenent, en derniere analyse, à ces absurdités, n'est-ce pas assurer le triomphe la Religion ? C'est ce qu'on a démontré en rigueur dans un Ouvrage intitulé : *De la Religion, par un Homme du monde; à Paris, chez Moutard, Imprimeur-Libraire de la* REINE, *rue des Mathurins, à l'Hôtel de Cluny.* Quant à la morale de nos prétendus Sages, elle est plus dangereuse que celle d'Epicure même, qui plaçant le bonheur de l'homme dans la volupté, obligeoit cependant le sage « de modérer ses passions, en » même temps qu'il exigeoit qu'il méprisât la mort

« qu'il fût sans crainte des Dieux immortels & qu'il
« n'hésitât pas à sortir de la vie, s'il n'y trouvoit point son
« bien-être ». *Finitas habet cupiditates, negligit mortem, de
Diis immortalibus, sine ullo metu, vera sensit; non dubitat,
si ita melius sit, de vitâ migrare.* Cic. de fin. bon. & mali,
livre 1. Cette tolérance, cet encouragement même au
suicide, morale la plus capable de produire des scélérats
& des factieux, est comme le cri de ralliement de toutes
les sectes de nos prétendus sages. Ainsi on ne peut essayer
d'ébranler les maximes du Christianisme, sans porter
l'atteinte la plus funeste aux principes constitutifs de
la tranquillité & du bonheur des Etats. C'est ce qu'on
s'est attaché à démontrer dans le même Ouvrage.

(28) Mgr. le Dauphin envoya à Versailles un Officier chargé de brûler tous les papiers qui se trouveroient dans son cabinet : « Il me fit appeller, dit Madame la
» Dauphine ; il me confia ses clefs, & me dit de cher-
» cher tous les papiers qui étoient dans son bureau, &
» dans son Secrétaire (à Fontainebleau ;) je les lui
» présentai, il les prit, me les rendit l'un après l'autre,
» me dit en riant ce qu'ils contenoient & m'ordonna de
» les brûler ». Vie, pages 147 & 148.

(29) « Les Princes, disoit Mgr. le Dauphin, me
» paroissent dans le cas d'une personne qui, obligée par
» état de devenir très-éloquente, n'auroit cependant
» pour s'exprimer que le tiers, ou la moitié des lettres
» de l'Alphabet «. Vie, page 97.

(30) Ce Traité forme le second tome des Mémoires.

(31) Vie, pages 90 & 91.

(32) Mgr. le Dauphin avoit vingt & un ans, quand il entra au Conseil des Dépêches. (Mémoires, chapitre 8, pag. 171.) Il en avoit vingt-huit, quand il fut appellé au Conseil d'Etat. Ibid. chapitre 10, page 219 ; Vie, pages 102 & 103.

(33) La sagesse de Mgr. le Dauphin excita l'admiration de tous ceux qui assisterent à ce Conseil : « Quel » homme ! s'écrioient-ils, chacune de ses paroles est » un trait de lumiere ! Vie, page 108.

(34) Ibid. 109 & 110.

(35) Bossuet, Oraison funebre du Prince de Condé.

(36) Vie, livre I, où l'on trouve plusieurs autres traits caractéristiques de la bienfaisance de Mgr. le Dauphin.

(37) Ibid. page 14.

(38) Ibid. page 223 & suivantes.

(39) Vie, livre I, pages 168 & 169.

(40) Ibid. 151 & 152.

(41) Ibid. 164.

(42) Ibid. 165 & 166.

(43) Ibid. 164 & 165.

(44) Ibid. 134 & suivantes.

(45) Cette méprise arriva à Milord Harcourt : « Voilà, » disoit ce Milord à M. de Beuvron, un jeune Officier qui me paroît singuliérement instruit pour son » âge ! comment l'appellez-vous ? -- C'est le Colonel » du Régiment Dauphin. -- Son nom ? je le retiendrai, car je n'ai pas rencontré de François plus » aimable. -- Mais ordinairement on l'appelle M. le » Dauphin ». Vie, pages 209 & 210.

(46) *Ibid.* 134 & suivantes.

(47) « Vos intérêts, Madame, (écrivoit ce Prince à Madame de Chambord) sont devenus les miens ; je ne les envisagerai jamais sous un autre point de vue........, pour vous & pour l'enfant que vous allez mettre au monde. Après l'horrible malheur dont je n'ose vous retracer l'idée, mon unique consolation sera de contribuer, s'il est possible, à la vôtre, & d'adoucir, autant qu'il dépendra de moi, la douleur que je ressens comme vous ». Vie, page 232 & suiv.

(48) Vie, pages 39 & suiv.

(49) *Ibid.* page 346.

(50) *Ibid.* 182 & 183.

(51) *Ibid.* page 41.

(52) « Donnez, Monsieur, lui disoit Madame la Dauphine, un libre cours à vos larmes, & ne craignez point que je m'en offense ; elles m'annoncent au contraire ce que je dois espérer moi-même, si je suis assez heureuse pour mériter votre estime ». Vie, pages 55 & 56. Le Corps de Madame la Dauphine repose auprès de Mgr. le Dauphin, à Sens ; mais il ordonna que son cœur qui devoit être porté à Saint-Denis, fût placé auprès de l'Infante d'Espagne, la premiere Dauphine. *Ibid.*

(53) Indépendamment de l'ordre général de la Providence qui dispose de tous les événemens, j'ai fait allusion en cet endroit au fait très-remarquable rapporté dans la Vie de Mgr. le Dauphin, page 48 & suivantes, & attesté par Madame la Dauphine elle-même.

(54) « Je ne puis vous exprimer, mes Cœurs, » (difoit à Madame la Dauphine & à Madame Adé- » laïde, ce Prince mourant) combien je fuis aife de » partir le premier; je fuis fâché de vous quitter; mais » je fuis bien-aife de ne pas refter après vous ». Vie, page 305.

(55) Ibid. 189 & 190.

(56) Mémoires, chapitre 4, page 81 & fuiv. Lettre à M. l'Evêque de Verdun; Mémoires, ibid.

(57) Vie, page 187.

(58) Ibid. 191 & 192.

(59) Vie, page 138.

(60) « Seigneur, Dieu des Armées, arbitre fouverain » de la vie & de la mort… exaucez ma priere, en » prenant fous votre protection votre ferviteur de » Muy ; éloignez de lui le fer & le feu, les maladies » & l'atteinte mortelle de la contagion, foutenez-le dans » fes travaux, afin qu'il continue de me donner, comme » il a toujours fait, des confeils pleins de piété & de » fageffe, & qu'il m'aide à défendre la Religion & la » Juftice »! Vie, pages 103 & 204.

(61) Ibid. 205.

(62) Eloge de M. le Maréchal de Muy, par M. le Tourneur, page 39.

(63) Mot de Mgr. le Dauphin au Préfident Daubert, Vie, page 100.

(64) Quel Maître fut plus humain! « Je friffonne » quand je vous vois (difoit un jour ce Prince à l'un » des Officiers qui le fervoit à l'approche de l'hiver). » — En ce cas, je fupplie V. A. de permettre que je

» la serve dans un autre quartier. — Je m'en garderai
» bien ; j'aime que les mauvaises nouvelles me soient
» apportées par des Messagers agréables ». Vie, page
194 & suiv. où l'on trouve plusieurs traits de bonté sem-
blables.

(66) *Quid Leges sine moribus*
Vanæ proficiunt ?
HORACE.

(68) Voyez dans la Vie de Mgr. le Dauphin, page
241 & suiv. & dans les Mémoires, chapitre 11, l'étude
profonde que ce Prince avoit faite de la Religion &
l'Ouvrage qu'il avoit entrepris pour réfuter les objec-
tions de Celse, de Porphyre, & des autres adversaires
dont le Christianisme a triomphé authentiquement, qu'on
renouvelle de nos jours dans tant d'écrits. Mgr. le
Dauphin s'attachoit, dans cet Ouvrage, à démontrer la
liaison des principes du Christianisme, avec les maximes
qui assurent la tranquillité publique.

(69) Vie, pages 250 & 251.

L'Auteur de la Vie de Mgr. le Dauphin n'a pas dissi-
mulé les imperfections que la Religion & la réflexion
corrigerent dans ce Prince ; un esprit vif, un tact sûr
qui lui faisoient saisir les ridicules & les peindre avec
énergie, avoient fait craindre qu'il n'eût trop de pen-
chant pour la satyre ; personne ne fut dans la suite plus
circonspect dans ses paroles. On craignoit qu'il ne fût
implacable ; & qui pardonna avec plus de facilité,
lorsque le pardon ne pouvoit avoir de conséquences
dangereuses ! Cette fierté naturelle que donne une naif-

sance si élevée & de si grands droits, s'étoit manifestée dès son enfance ; la Religion lui apprit à concilier l'humilité chrétienne avec la majesté du Trône. « Les dé- » fauts de Mgr. le Dauphin (écrivoit M. le Duc de Châ- » tillon) ne m'ont donné d'inquiétude que jusqu'à ce » que j'aie connue la source d'où ils partoient. Une » vivacité bouillante, & le sentiment précoce de sa » destinée en font le principe ; mais le cœur est trop bon » pour qu'il y ait rien à craindre des suites. Il me dit » bien que je me moque de lui, qu'il saura en rabattre » de ce que j'exige ; sa mauvaise humeur dure un mo- » ment ; il vient l'instant après m'offrir la paix en » m'avouant ses torts ». Vie, page 34.

(70) Vie, page 59.

(71) *Ibid.* page 304.

(72) Vie, page 308.

(73) *Ibid.* 297, 298 & 349.

(74) *Ibid.* 301 & 302.

(75) « Eh bien ! que disent nos grands Génies, nos » Philosophes de Paris ? Qu'ils ont bien de l'esprit, & » que le Dauphin en a une bien petite dose. Il y au- » roit là de quoi me donner de l'amour-propre ; j'ai » toujours cru qu'un Dauphin devoit éloigner de lui, » jusqu'au soupçon de prétendre au suffrage des Beaux- » Esprits, je croirois presque avoir réussi ». Vie, pages 64 & 65.

(76) *Ibid.* page 320.

(77) *Ibid.* page 316.

(78) *Ibid.* page 324.

(79) *Ibid.* page 138.

(80) *Ibid.* page 329.

(81) *Ibid.* page 340.

(82) Vie, page 314.

(83) *Ibid.* pages 339 & 940.

(84) « Savez-vous pourquoi j'ai eu envie d'avoir
» mes étrennes ? C'est que j'aurai une tabatiere deplus
» à donner ». *Ibid.* 328.

(85) « Il me serra encore la main (dit Madame la
» Dauphine) & je baisai la sienne, hélas ! pour la der-
» niere fois ». Vie, page 332.

(86) { *Ibid.* pages 187 & 188 ; Mémoires, pages
333 & 334.
Vie, pages 335 & 336.
Ibid. 347.

(87) C'est la raison que Louis XV donna du choix
que Mgr. le Dauphin fit de la Cathédrale de Sens pour
sa sépulture : « Si mon Fils fut mort à Versailles,
» (disoit le Roi à M. l'Archevêque de Paris), il se
» fût fait porter chez vous ; je lui ai entendu dire plu-
» sieurs fois qu'il desireroit être enterré dans l'Eglise
» mere du Diocese où il mourroit ». Vie, pages 359
& 360.

(88) *Ibid.* 359.

(89) Voyez le mot de Louis XV à M. le Duc
d'Orléans, rapporté ci-dessus ; Vie, page 346.

(90) Vie, page 2 & suiv.

(91) Voyez dans la Vie, page 303 & suiv. ce récit
si touchant, tracé par Madame la Dauphine elle-même.

(92) *Ibid.* page 311, & tout le sixieme livre.

(93) *Ibid.* page 358.

E

(94) Lettre du Docteur Mary, à M. le Duc de Nivernois ; Vie, pages 365 & 366.

(95) Propos d'une femme du Village de Saint-Denis, près de Sens, où le Convoi de Mgr. le Dauphin s'étoit arrêté. *Ibid.* page 359.

(96) Vie, 358.

Fin des Notes.

www.ingramcontent.com/pod-product-compliance
Lightning Source LLC
LaVergne TN
LVHW021747080426
835510LV00010B/1352